ARRÊTÉ MINISTÉRIEL DU 25 FÉVRIER 1889

PORTANT RÉORGANISATION

DES

ÉCOLES RÉGIMENTAIRES

DANS

L'INFANTERIE DE MARINE

2e ÉDITION

PARIS

Henri CHARLES-LAVAUZELLE

Éditeur militaire

118, Boulevard Saint-Germain, Rue Danton, 10

(MÊME MAISON A LIMOGES)

1899

ARRÊTÉ MINISTÉRIEL DU 25 FÉVRIER 1889

PORTANT RÉORGANISATION

DES

ÉCOLES RÉGIMENTAIRES

DANS

L'INFANTERIE DE MARINE

2ᵉ ÉDITION

PARIS

Henri CHARLES-LAVAUZELLE

Éditeur militaire

118, Boulevard Saint-Germain, Rue Danton, 10

(MÊME MAISON A LIMOGES)

1899

No 74. Le Ministre de la marine et des colonies à MM. les Vice-Amiraux commandant en·chef, Préfets maritimes; le Général de division commandant en chef les troupes de l'Indo-Chine; les Gouverneurs des colonies. (*Direction du Personnel,* — *3e Bureau : Troupes de la Marine, 2e Section.*)

Paris, le 25 février 1889.

(*Envoi d'un arrêté ministériel du 25 février 1889, portant réorganisation des écoles régimentaires dans l'infanterie de marine.*)

Messieurs, j'ai l'honneur de vous adresser un arrêté ministériel du 25 février 1889, portant réorganisation des écoles régimentaires dans l'infanterie de marine.

Je vous prie d'assurer, chacun en ce qui vous concerne, l'exécution des prescriptions contenues dans cet arrêté.

L'insertion au *Bulletin officiel de la marine* tiendra lieu de notification.

Recevez, etc.

Signé : JAURÈS.

ARRÊTÉ MINISTÉRIEL DU 25 FÉVRIER 1889

PORTANT RÉORGANISATION DES

ÉCOLES RÉGIMENTAIRES

DANS L'INFANTERIE DE MARINE

TITRE PREMIER.
ORGANISATION.

CHAPITRE PREMIER.
DISPOSITIONS PRÉLIMINAIRES.

Art. 1er. Chaque corps, portion de corps ou détachement d'infanterie de marine a deux écoles : la première, dirigée d'après le mode mutuel, sous la dénomination d'école du 1er degré; la seconde, dirigée d'après le mode simultané, sous la dénomination d'école du 2e degré.

Dans chaque portion centrale, il existe, en outre, un cours du 3e degré (1).

L'enseignement comprend les matières dont le programme est annexé au présent arrêté.

---

(1) Ce paragraphe est modifié par la circulaire du 18 mars 1890, *B. O.*, p. 311. ci-après :

Personnel chargé des cours des 2e et 3e degrés dans les régiments d'infanterie de marine, en France.

Messieurs, aux termes de la circulaire du 18 mars courant, relative aux mesures de détail nécessitées par la réorganisation des régiments d'infanterie de marine, en France, l'instruction primaire et celle du 2e degré seront données dans chacun des huit régiments, sous la direction des chefs de corps.

Par exception, le cours du 3e degré ne fonctionnera que dans les quatre premiers régiments, comme cela existe aujourd'hui.

En conséquence de ces dispositions, j'ai décidé que les cours des 2e et 3e degrés seront professés, à l'avenir, de la manière suivante, dans les régiments d'infanterie de marine, en France, savoir :

DANS LES RÉGIMENTS D'ORIGINE.

Ecole des 2e et 3e degrés. — Par un capitaine assisté de deux officiers du grade de lieutenant.

Les prescriptions de l'arrêté ministériel du 25 février 1889 (*B. O.*, p. 299),

CHAPITRE II.

COMPOSITION DU PERSONNEL.

Art. 2. Dans chaque compagnie, le capitaine commandant est chargé, sous sa responsabilité, de la direction de l'école du 1er degré. Il en fait surveiller l'enseignement par les officiers de section et y emploie comme moniteurs les sous-officiers, caporaux et soldats lettrés.

L'école du 1er degré se fait dans les chambres de compagnie.

Art. 3. Pour l'école des 2e et 3e degrés, les cours sont professés par un capitaine de compagnie et deux officiers de section du grade de lieutenant ou de sous-lieutenant (1).

Art. 4. Le capitaine prend le titre de directeur des écoles, et les deux lieutenants ou sous-lieutenants prennent celui de directeur-adjoint (1).

Art. 5. Chaque année, le général inspecteur, lors de la revue qu'il passe de la portion centrale d'un régiment d'infanterie de marine, choisit ces trois officiers sur une liste de candidats que lui remet le chef de corps avec son appréciation sur chacun d'eux.

Les candidats doivent, autant que possible, avoir plus d'un an de séjour à accomplir en France.

Art. 6. Aux colonies, l'inspecteur général ou, à son défaut, le commandant supérieur des troupes désigne un capitaine ou lieutenant comme directeur des écoles et un lieutenant ou sous-lieutenant comme adjoint. Ces officiers doivent avoir, autant que possible, encore un an de séjour à accomplir hors de France.

Dans les compagnies détachées isolément ou au nombre de deux,

---

portant réorganisation des écoles régimentaires dans l'infanterie de marine, restent dès lors, entièrement en vigueur dans les dits régiments.

DANS LES RÉGIMENTS DE NOUVELLE FORMATION.

Ecole du 2e degré. — Par un officier de peloton du grade de lieutenant, secondé par un sous-lieutenant.

Le lieutenant fera fonctions de directeur des écoles dans les nouveaux régiments; mais il ne sera, non plus que le sous-lieutenant adjoint, dispensé en aucune façon du service colonial; ils concourront l'un et l'autre au service régimentaire. Ces deux officiers seront choisis par le chef de corps, parmi ceux ayant des aptitudes spéciales pour les fonctions dont il s'agit. Les candidats doivent, autant que possible, avoir au moins un an de séjour à accomplir en France.

Le chef de corps déterminera les limites dans lesquelles ces officiers pourront être exemptés de certains services, sous la réserve de l'approbation de l'autorité supérieure locale.

(1) Modifié par la circulaire du 18 mars 1889, insérée sous l'art. 1er ci-dessus.

l'enseignement du 2ᵉ degré est donné sous la responsabilité des capitaines comme pour l'enseignement primaire.

Quand des compagnies de plusieurs régiments sont dans la même garnison, les écoles sont établies sans tenir compte de la différence des régiments, comme s'il n'y avait qu'une seule portion de corps, autant que la distance entre les hommes n'y met pas d'empêchement.

Art. 7. Les capitaines, les lieutenants et sous-lieutenants désignés comme directeurs et directeurs-adjoints des écoles régimentaires dans la portion centrale sont dispensés du service colonial pendant toute la période scolaire (du 1ᵉʳ mars au 1ᵉʳ mars). Ceux d'entre eux qui, par suite d'avancement ou de tout autre cas de force majeure, ne peuvent continuer à exercer leurs fonctions, sont remplacés, sur la proposition du chef de corps, par le vice-amiral commandant en chef, préfet maritime, qui en rend compte au Ministre (1).

Art. 8. Le directeur des écoles et les directeurs-adjoints forment une commission d'examen présidée par le lieutenant-colonel du dépôt.

Dans les portions secondaires, cette commission est présidée par un chef de bataillon. Le rôle de la commission consiste à donner son avis sur l'instruction générale des projets que le colonel la charge d'examiner.

Art. 9. Dans les rassemblements des élèves du cours du 3ᵉ degré auxquels n'assisterait pas un officier, le sous-officier le plus ancien dans l'emploi le plus élevé est responsable de l'ordre et de la discipline.

Art. 10. Le directeur des écoles a sous ses ordres, pour la conservation du matériel, la tenue des comptes et des écritures, un sergent ou un caporal secrétaire qui est en même temps chargé des bibliothèques régimentaires

TITRE II.

ENSEIGNEMENT.

CHAPITRE PREMIER.

ÉCOLE DU PREMIER DEGRÉ.

Art. 11. L'enseignement de l'école du 1ᵉʳ degré comprend :
1° La lecture,

----

(1) Modifié par la circulaire du 18 mars 1889, insérée sous l'art. 1ᵉʳ ci-dessus.

2° L'écriture,

3° La pratique des quatre règles de l'arithmétique.

Il est obligatoire pour tous les soldats qui ne savent pas lire, écrire et compter couramment.

Art. 12. Le soin de régler les détails de l'enseignement dans les chambres est laissé à l'initiative des capitaines, sous la réserve du mode prescrit par l'article 1er du présent arrêté.

Le syllabaire spécial fait à l'usage du soldat est seul employé dans les écoles régimentaires.

Art. 13. Il est consacré tous les jours, à l'école du 1er degré, une séance d'une heure au moins, dont la durée peut être portée à deux heures aux colonies.

Le chef de corps détermine, d'après les exigences de l'instruction militaire du régiment, le temps qu'on peut consacrer à cette école; il le réserve sur le tableau du service journalier.

Il ne peut, dans aucun cas, l'abaisser au-dessous du minimum prescrit par le présent article.

CHAPITRE II.

ÉCOLE DU 2e DEGRÉ.

Art. 14. L'école du 2e degré a pour but de permettre à tous les soldats, caporaux ou sous-officiers qui aiment réellement le travail d'améliorer, autant que possible, leur instruction. Elle est complètement facultative et doit avoir lieu à des heures où tous les gradés sont libres, le soir, par exemple, de manière que ceux qui le désirent puissent suivre régulièrement les cours sans que cela nuise en rien au service.

Art. 15. L'école du 2e degré est divisée en deux sections :

La première section est destinée aux soldats et gradés possédant une instruction faible qu'ils désirent améliorer; la seconde, aux sous-officiers qui désirent suivre le cours du 3e degré, mais qui ne possèdent pas une instruction générale suffisante pour y être admis de suite.

Art. 16. L'enseignement de la première section comprend :

1° La grammaire,

2° L'arithmétique,

3° Les notions de géographie,

4° Les notions générales d'histoire de France.

Art. 17. L'enseignement de la deuxième section comprend :

1° La langue française,

2° L'histoire de France,

3° La géographie,

1° L'arithmétique,

5° La géométrie.

Art. 18. Le cours est professé dans chaque section par un des directeurs-adjoints. Les classes ont lieu deux fois par semaine. La durée de chacune d'elles est d'une heure et demie.

Art. 19. La première partie de chaque classe est employée aux interrogations sur la leçon précédente et aux explications à donner aux élèves qu'un cas de force majeure a empêchés d'y assister; la deuxième partie est consacrée au développement de la leçon du jour.

Art. 20. Les jours où il n'y a pas de classe, un local des écoles doit être mis le soir, pendant une heure et demie au moins, à la disposition des élèves du 2e degré qui désireraient y aller travailler. Les dépenses d'éclairage occasionnées par ce fait sont payées sur les fonds des écoles.

CHAPITRE III.

COURS DU 3e DEGRÉ

Art. 21. Le cours du 3e degré est facultatif pour les sous-officiers qui doivent être présentés par le colonel à l'inspecteur général pour le grade de sous-lieutenant.

Les chefs de corps ne doivent donner l'autorisation de suivre les cours du 3e degré qu'à des sujets qui, par leur conduite, leur éducation, leur instruction, leurs services et leurs qualités militaires, sont aptes à être proposés pour le grade de sous-lieutenant à l'inspection générale de l'année en cours et qui, du reste, remplissent les conditions prescrites à l'article 2 de l'arrêté relatif à l'admission des sous-officiers à l'Ecole militaire d'infanterie.

Art. 22. Les cours sont professés par le capitaine directeur des écoles et par les officiers professeurs adjoints.

Le capitaine de tir fait des conférences sur la partie théorique du tir.

Le cours d'allemand est professé soit par un des officiers des écoles, soit par un officier du régiment, désigné par le colonel.

Le cours d'allemand est entièrement facultatif.

Art. 23. L'enseignement du cours du 3e degré comprend :

1o La langue française ;
2o L'histoire ;
3o La géographie ;
4o L'arithmétique ;
5o La géométrie ;
6o La lecture des cartes et la topographie ;
7o La fortification ;
8o Instruction militaire théorique : les services en campagne, intérieur et des places. — Le manuel de tir ;
9o L'allemand.

Art. 24. La durée de chaque cours pour toutes les branches de l'instruction est fixée à deux heures.

La première partie est employée aux interrogations sur la leçon précédente et aux explications à donner aux élèves qu'un cas de force majeure à empêchés d'y assister.

La deuxième partie est consacrée au développement de la leçon du jour.

Le chef de corps devra prendre ses dispositions pour que les sous-officiers élèves puissent, autant que possible, assister à toutes les séances du cours.

Art. 25. Deux séances d'étude de deux heures chacune sont, en outre, consa crées par semaine à la revision des matières antérieurement professées. Les directeurss adjoints les président à tour de rôle ; ils donnent aux élèves les explications dont ils ont besoin et mettent au courant ceux qu'un cas de force majeure a empêc hés d'assister à une ou plusieurs séances.

Art. 26. Les sous-officiers admis au cours du 3e degré ne peuvent le quitter sans l'autorisation du chef de corps. Tout élève qui a manqué volontairement à trois séances ou qui a été puni trois fois pour insuffisance de travail est immédiatement renvoyé du cours. Il ne peut plus être présenté pour sous-lieutenant à l'inspection générale de l'année en cours ; si l'inspection générale est déjà passée, il doit être radié de l'état de proposition, et il ne pourra être proposé à nouveau que l'année d'après.

TITRE III.

RÉGIME DES ECOLES.

CHAPITRE PREMIER.

ATTRIBUTIONS DU PERSONNEL.

Art. 27. Le colonel détermine les heures des différents cours et des séances d'études, et les réserve sur le tableau de service journalier. Il tient la main à ce que les sous-officiers du cours du 3e degré ne soient pas détachés du service de leur compagnie.

Art. 28. La surveillance des écoles du 1er degré appartient aux lieutenants-colonels des groupes ; ils sont secondés par les chefs de bataillon. Celle des écoles des 2ᵉ et 3ᵉ degrés est exercée par le lieutenant-colonel du dépôt.

A la fin de chaque trimestre, les lieutenants-colonels rendent compte au colonel de la marche de l'instruction et lui adressent, chacun en ce qui le concerne, un rapport d'ensemble ; le lieutenant-colonel du dépôt y ajoute une copie du tableau de classement dont il sera fait mention à l'article 30.

Art. 29. Les attributions du lieutenant-colonel sont remplies par un chef de bataillon dans les portions de corps où il n'y a que deux officiers supérieurs, et par le directeur des écoles dans celles qui ne comptent qu'un chef de bataillon.

Toutefois, l'action d'un capitaine directeur des écoles ne pourra jamais s'exercer sur les écoles du 1er degré.

Art. 30. Les directeurs adjoints secondent le directeur dans tout ce qui concerne la tenue des classes.

Le directeur des écoles tient un enregistrement du matériel. Il établit les pièces de dépenses en ce qui concerne les livres, le papier, les plumes, l'encre, les instruments, les cartes, les tableaux, et, en général, tous les objets utiles à l'enseignement achetés par le corps. Il fait acheter et distribuer les fournitures nécessaires à l'école du 1er degré, sur des bons signés par les commandants de compagnie et visés par le major.

Il renseigne le lieutenant-colonel du dépôt sur tout ce qui concerne l'école des 2e et 3e degrés. Tous les trois mois, il établit un classement, par ordre de mérite, des élèves de chacune de ces écoles, au moyen des notes qu'ils ont obtenues pendant le trimestre.

Art. 31. Les notes données aux élèves à la suite de chaque interrogation sont comprises de 0 à 20, d'après l'échelle suivante :

De 0 à 2	*Très mal.*
De 3 à 5	*Mal.*
De 6 à 8	*Médiocre.*
De 9 à 12	*Assez bien.*
De 13 à 16	*Bien.*
De 17 à 20	*Très bien.*

Le classement trimestriel s'obtient en faisant la moyenne des notes obtenues dans chaque cours et en prenant la moyenne générale.

Art. 32. Les tableaux de classement trimestriel sont établis par le directeur des écoles en double expédition : l'une est remise au chef de corps ; l'autre reste affichée dans la salle d'école pendant tout le trimestre qui suit le classement.

Art. 33. Le chef de corps doit, autant que possible, dispenser de tout ou partie des services de place, de semaine et de compagnie, les officiers des écoles, afin d'éviter de les distraire de leurs fonctions spéciales durant l'année scolaire.

CHAPITRE II.

ANNÉE SCOLAIRE. — DURÉE DES COURS.

Art. 34. Les cours du 1er degré ne sont interrompus que pendant la durée de l'inspection générale.

Pour ceux de la 1re section du 2e degré, l'année scolaire commence un mois après la clôture de l'inspection générale; elle finit à l'ouverture des opérations de l'inspection suivante.

Pour ceux de la 2e section du 2e degré et pour ceux du 3e degré, l'année scolaire commence le 1er mars et se termine le jour où les sous-officiers admissibles sont mis en route pour aller passer les examens oraux. Les quinze derniers jours sont réservés à des interrogations sur les matières du programme d'examen.

Art. 35. Lorsque le degré d'avancement de l'instruction le permet, les élèves sont conduits fréquemment sur le terrain pour y être exercés au lever topographique. Ils sont tenus de fournir chaque année, à l'époque de l'inspection générale, un travail topographique (levé et rapport) exécuté d'après les ordres écrits dudirecteur des écoles et sousla surveillance d'un des directeurs-adjoints.

Art. 36. Lorsque les programmes des cours sont épuisés avant la fin de l'année scolaire, les professeurs consacrent les séances à la revision des parties les plus importantes, à des dictées et à des rédactions de rapports, et particulièrement à des levés topographiques sur le terrain.

TITRE IV.

MATÉRIEL.

CHAPITRE PREMIER.

MOBILIER DES ÉCOLES. — MATÉRIEL DE L'ENSEIGNEMENT.

Art. 37. Le matériel des écoles régimentaires se divise en deux parties :

1o Un mobilier fourni par le service des travaux hydrauliques;
2o Un matériel d'enseignement acheté sur le fonds des écoles.

Art. 38. Le mobilier des écoles est déterminé d'après le nombre de salles affectées à l'enseignement.

Art. 39. Le nombre des salles d'école est fixé, en France et aux colonies, suivant les besoins du service, par le préfet maritime ou le commandant supérieur des troupes.

Art. 40. Le mobilier de chaque salle d'école est fixé comme suit :

Une estrade pour l'officier professeur;
Un bureau avec tiroir, fermant à clef, placé sur l'estrade;
Trois chaises, quand il y a plusieurs salles d'école, et six quand il n'y en a qu'une;
Un tableau noir;

Un nombre suffisant de tables et de bancs; les tables sont garnies d'encriers encastrés;

Une armoire à deux battants, fermant à clef, et garnie de rayons;

Le nombre de becs de lumière nécessaires;

Les murs sont garnis de portemanteaux en nombre suffisant.

Art. 41. Il est, en outre, délivré un tableau noir par compagnie pour l'école du 1er degré.

Art. 42. Le matériel d'enseignement est acheté sur le fonds des écoles; il comprend:

1o Les livres nécessaires à l'enseignement. Chaque élève du cours du 3e degré doit être détenteur de sept volumes, adoptés dans les régiments de l'armée de terre pour les sous-officiers candidats à l'École de Saint-Maixent (1);

2o Des cartes géographiques collées sur les tables;

3o Un tableau chronologique des rois de France;

4o Un globe terrestre;

5o Un relief des diverses formes du terrain;

6o Un relief de fortification passagère;

7o Des instruments topographiques;

8o Des règles, équerres, doubles décimètres, rapporteurs, compas;

9o Le nécessaire métrique de M. Duru.

TITRE V.

COMPTABILITÉ.

CHAPITRE Ier.

COMPTABILITÉ DU MATÉRIEL D'ENSEIGNEMENT ET DE LA BIBLIOTHÈQUE DES SOUS-OFFICIERS.

Art. 43. La comptabilité de la bibliothèque des sous-officiers et du matériel d'enseignement mis à la disposition des corps de troupe est dirigée et contrôlée par le commissaire aux revues.

Le capitaine directeur des écoles est comptable responsable du matériel d'enseignement et de la bibliothèque des sous-officiers. Il tient un journal ou cahier d'enregistrement (modèle 1), et un catalogue inventaire (modèle 2 ci-annexé), sur lesquels il inscrit

---

(1) 1o Cours d'histoire.
    2o Cours de géographie.
    3o Cours d'arithmétique.
    4o Cours de géométrie.
    5o Cours de topographie.
    6o Cours de fortification.
    7o Grammaire française.

tous les mouvements d'entrée et de sortie, au fur et à mesure qu'ils se produisent.

Chaque article est annoté sur le catalogue-inventaire, dans l'ordre de la classification adoptée, avec mention du prix qui lui est assigné par la nomenclature générale du service d'où il provient, ou, à défaut du prix officiel, du prix d'achat, de revient ou d'estimation, à moins que l'inventaire dans lequel il est reçu ne contienne déjà des objets de même espèce, auquel cas il est fait application du prix précédemment arrêté. Toutefois, les recueils, livres et publications diverses, dont les prix d'achat et de revient n'auraient pas été précédemment notifiés, sont évalués selon le tarif annexé à cet arrêté.

Le capitaine directeur mentionne sur le catalogue-inventaire tous les mouvements qui affectent définitivement la situation de la bibliothèque. Il est tenu compte des prêts ou autres opérations ayant un caractère temporaire, au moyen de livres auxiliaires (modèle V). (Exemples : Prêts des ouvrages classiques ou d'instruments de topographie aux élèves du cours du 3e degré. — Prêts d'ouvrages aux sous-officiers du régiment, etc.)

A la fin de l'année, le capitaine directeur des écoles dresse, avec son catalogue-inventaire, un état appréciatif (modèle 3), présentant les opérations par division de la nomenclature sommaire des objets dont il est comptable, et par origine des entrées et destination des sorties.

Les recettes et les dépenses, classées dans l'état appréciatif, suivant la nomenclature des opérations à charge ou à décharge, sont totalisées par article et par chapitre de ladite nomenclature. Une récapitulation, établie à la fin de ce document, fait connaître, par division sommaire, la situation en quantités et en valeurs, au premier et au dernier jour de l'année.

Cet état, soumis au visa du colonel, est remis au commissaire aux revues, qui le vérifie sur place avec les pièces justificatives. En cas de différences ou d'irrégularités reconnues, il en est donné avis au chef du service administratif de l'arrondissement maritime et au colonel. L'application de la responsabilité encourue est provoquée, s'il y a lieu.

Le commissaire aux revues procède, à la fin de chaque année, au recollement de l'inventaire en se conformant aux dispositions qui sont prescrites relativement au recensement des approvisionnements par les articles 242 et suivants de l'Instruction générale du 1er octobre 1854.

Toutes les fois qu'un capitaine directeur sera remplacé dans ses fonctions, un recensement des ouvrages et objets confiés à ses soins aura lieu en présence de son successeur, qui donnera reçu des objets portés sur l'inventaire. Les remises et prises de service seront constatées, dans les formes déterminées pour les mutations des comptables, par l'article 20 du décret du 30 novembre 1875.

CHAPITRE II.

DÉPENSES.

Art. 44. Il est pourvu aux dépenses des écoles régimentaires au moyen de l'allocation annuelle fixée par la circulaire ministérielle du 31 décembre 1875 (*Bulletin officiel*, page 635), modifié conformément à la dépêche du 12 mars 1888, et suivant la répartition déterminée par celle du 21 avril 1876 (*Bulletin officiel*, p. 646).

Art. 45. Les dépenses comprennent :

1º L'achat et le remplacement du matériel d'enseignement ;

2º L'achat du papier, des plumes, des crayons, de l'encre, des livres et autres objets dont l'emploi plus ou moins considérable dépend de l'effectif des élèves.

Art. 46. Le remplacement des cartes murales, glóbes terrestres, plans en relief, relief représentant un retranchement de fortification, instruments de topographie qui sont au compte du crédit affecté au service des écoles régimentaires, ne peut avoir lieu sans un procès-verbal du commissaire aux revues, chargé de la surveillance administrative du corps, expliquant les motifs de remplacement, et ce n'est qu'après s'être assuré que le remplacement est indispensable et qu'il incombe à la charge du budget des écoles, que ce fonctionnaire vise les états de dépense et autorise les achats proposés.

CHAPITRE III.

COMPTES. — PAYEMENT ET ORDONNANCEMENT DES DÉPENSES.

Art. 47. Les comptes sont établis, les dépenses ordonnancées et payées d'après les règles suivies dans la comptabilité des corps de troupe de la marine.

Les dépenses occasionnées par la faute des élèves doivent être imputées sur leur masse individuelle.

CHAPITRE IV.

REGISTRE DU DIRECTEUR DES ÉCOLES. — CARNETS DES DIFFÉRENTS COURS.

Art. 48. Il est tenu par le directeur des écoles :

1º Le journal et le catalogue-inventaire dont il est parlé à l'article 43 ;

2º Un registre conforme au modèle nº IV, ci-annexé, et contenant les renseignements suivants : Enregistrement des dépenses faites par le corps. — Enregistrement des objets fournis aux compagnies. — Les deux chapitres de ce registre sont totalisés en fin de trimestre, certifiés par le directeur et visés par le major.

Art. 49. Le directeur et les directeurs adjoints des écoles tiennent, chacun pour la section ou les cours qu'ils dirigent, un carnet spécial modèle IV, comprenant :

1o L'état nominatif des élèves de la section du cours;

2o La situation d'école de chaque jour faisant ressortir nominativement les absents et les motifs de l'absence;

3o Une feuille spéciale à chaque élève où doivent être inscrites les leçons qu'il a suivies, les séances auxquelles il n'a pas assisté, et la cause de l'absence; la note de l'interrogation avec l'indication de la leçon à laquelle elle se rapporte; enfin, une note mensuelle sur la conduite de l'élève à l'école, son aptitude, sa bonne volonté et ses progrès.

On y porte aussi le numéro de classement trimestriel.

Les carnets du directeur et des directeurs-adjoints sont visés, chaque mois, par le lieutenant-colonel.

Art. 50. Le capitaine directeur des écoles tient, en outre, pour le cours du 3e degré, un registre conforme au modèle 7. Une feuille de ce registre est destinée à chaque élève; on y inscrit au moment de son admission au cours :

1o Le résumé de ses états de service ;

2o Les notes trimestrielles obtenues depuis qu'il est sous-officier;

3o Les punitions graves encourues antérieurement à l'admission au cours.

Pendant le courant de l'année, toutes les indications portées sur les carnets des différents cours sont reportées au fur et à mesure sur ce registre, ainsi que les punitions encourues. A la fin de chaque trimestre, le capitaine directeur des écoles note les sous-officiers avec le plus grand soin, en insistant, autant que possible, sur les observations qu'il a pu faire au sujet de leur bon ou mauvais esprit, leur éducation, leur caractère, leur intelligence, leur capacité, etc. A la suite de sa note, il porte copie de la note trimestrielle du commandant de la compagnie.

Art. 51. Le carnet qui est visé par le lieutenant-colonel du dépôt, à la fin de chaque trimestre, est remis à l'inspecteur général en même temps que les propositions concernant ceux des sous-officiers susceptibles d'être proposés pour sous-lieutenants par l'inspecteur général.

Les autres carnets sont examinés par l'inspecteur général, lors de sa visite aux écoles.

Art. 52. Avant de quitter le port, l'inspecteur général adresse au Ministre un rapport détaillé sur les résultats obtenus dans les cours par les officiers directeurs et directeurs-adjoints, et l'officier qui a professé le cours d'allemand. Il signale, à cette occasion, la part qui revient à chacun dans les succès constatés, ou bien dans l'insuffisance des résultats.

Art. 53. Ceux des professeurs, des directeurs ou des directeurs-adjoints qui auront le mieux réussi dans l'enseignement des sous-officiers recevront un témoignage de satisfaction qui sera inséré au *Bulletin officiel de la marine*, et inscrit sur les feuillets et calepins du personnel; ils pourront, en outre, être proposés pour les grades universitaires.

TITRE VI.

DISPOSITIONS GÉNÉRALES.

Art. 54. Les classements trimestriels des élèves sont portés au feuillet spécial du livret individuel avec indication des cours qu'ils auront suivis, du numéro du classement, de la note moyenne obtenue et du nombre d'élèves classés.

Art. 55. Toutes les dispositions antérieures, contraires au présent arrêté, sont et demeurent abrogées.

Fait à Paris, le 25 février 1889.

Signé : Jaurès.

ANNEXES

A L'ARRÊTÉ MINISTÉRIEL DU 25 FÉVRIER 1889

PORTANT RÉORGANISATION DES

ÉCOLES RÉGIMENTAIRES

D'INFANTERIE DE MARINE

ANNEXE I.

PROGRAMMES DES DIFFÉRENTS COURS.

ÉCOLE DE 2e DEGRÉ (1re Section).

Grammaire française............	30 séances.
Arithmétique	22 séances.
Notions générales de géographie..	8 séances.
Notions générales d'histoire......	10 séances.

1° GRAMMAIRE.

Explication des règles d'après la petite grammaire de Noël et Chapsal. — Dictées et exercices.

2° ARITHMÉTIQUE.

1re séance. — Des quantités. — Mesure d'une quantité. — Nombre. — Numération. — Système décimal. — Lire et écrire un nombre. — Extension des principes de la numération aux quantités plus petites que l'unité. — Fractions décimales. — Quatre principales opérations de l'arithmétique.

2e séance. — De l'addition. — Son objet. — Signe de l'addition. — Somme ou total. — Addition des nombres entiers. — Preuve.

3e séance. — Soustraction. — Reste, excès ou différence. — Soustraction des nombres entiers. — Preuve. — Signe de la soustraction.

4° séance. — De la multiplication. — Facteurs, multiplicande, multiplicateur. — Produit. — Signe de la multiplication. — Multiplication des nombres d'un seul chiffre. — Table de multiplication. — Multiplication d'un nombre quelconque par un nombre d'un seul chiffre.

5e *séance*. — Multiplier un nombre entier par 10, 100, 1000. — Multiplier un nombre entier par un chiffre quelconque suivi de un ou plusieurs zéros.

6e *séance*. — Multiplication des nombres entiers, le multiplicateur ayant plusieurs chiffres. — Place du premier chiffre de chaque produit partiel. — Cas où le multiplicateur contient des zéros entre les chiffres significatifs.

8e *séance*. — On peut intervertir l'ordre des facteurs d'une multiplication sans changer le produit (Se borner pour l'explication et l'application de ce principe à deux facteurs). — Preuve de la multiplication.

8e *séance*. — Enoncé et application de la preuve par 9. — Enoncé et explication très simple du principe suivant : Si l'on rend un facteur un certain nombre de fois plus grand ou plus petit, le produit est rendu le même nombre de fois plus grand ou plus petit. — Cas où l'un des facteurs ou tous les deux sont terminés par des zéros. — Rendre un nombre décimal 10, 100, 1000 fois plus grand ou plus petit.

9e *séance*. — Division. — Dividende, diviseur, quotient. — Division des nombres entiers. — Cas où le dividende a un ou deux chiffres et le diviseur un seul. — Cas où le dividende et le diviseur ont plusieurs chiffres, mais où le diviseur est contenu moins de 10 fois dans le dividende.

10e *séance*. — Cas où le dividende, le diviseur et le quotient ont plusieurs chiffres. — Règle de la division et manière de reconnaître si un chiffre placé au quotient est trop fort ou trop faible. — Cas où l'on trouve un zéro au quotient. — Manière d'abréger la division en n'écrivant pas les produits partiels.

11e *séance*. — Cas où le dividende et le diviseur sont terminés tous deux par des zéros. — Cas où la division donne un reste. — Preuve de la division. — Preuve par 9.

12e *séance*. — Des fractions. — Ecrire une fraction. — Numérateur et dénominateur. — Lire une fraction. — Une fraction peut être considérée comme le quotient de son numérateur par son dénominateur. — Compléter le quotient d'une division qui donne un reste.

13e *séance*. — Fractions décimales. — Manière d'écrire les fractions décimales. — Manière de les énoncer. — Nombres décimaux. — Changéments produits par le déplacement de la virgule. — On ne change pas la valeur d'un nombre décimal en ajoutant ou en supprimant des zéros à sa droite. — Opérations sur les fractions décimales et les nombres décimaux. — Addition. — Soustraction.

— Cas où les deux nombres n'ont pas le même nombre de décimales. — Multiplication. — Cas où le produit a moins de chiffres qu'il n'y a de décimales dans les deux facteurs.

14e séance. — Division des fractions décimales et des nombres décimaux. — Application. — Evaluer le reste d'une division en décimales. — Faire la division de deux nombres lorsque le diviseur est plus grand que le dividende.

15e séance. — Système métrique. — Différentes espèces de mesures. — Ensemble des mesures usitées en France. — Unité fondamentale. — Rapport du mètre au méridien. — Mesure des longueurs. — Unité. — Multiples et sous-multiples du mètre.

16e séance. — Mesure des surfaces. — Mètre carré. — Définir le carré. — Carré d'un nombre. — Multiples et sous-multiples du mètre carré. — Les écrire sous forme de nombres décimaux. — Mesures agraires. — Are. — Multiples et sous-multiples.

17e séance. — Mesure des volumes. — Expliquer ce qu'on nomme cube. — Mètre cube. — Multiples et sous-multiples. — Manière de les écrire sous forme de nombres décimaux. — Mesure des liquides. — Litre. — Multiples et sous-multiples.

18e séance. — Stère. — Son usage. — Son rapport avec le système métrique. — Mesures de capacité. — Multiples et sous-multiples.

19e séance. — Mesures de poids. — Gramme. — Multiples et sous-multiples. — Monnaies. — Unité. — Multiples et sous-multiples.

20e séance. — Méthode de réduction à l'unité. — Règle de trois.

21e séance. — Règles d'intérêt simple.

22e séance. — Problèmes sur les règles de trois et d'intérêt simple.

3° NOTIONS GÉNÉRALES DE GÉOGRAPHIE.

1re séance. — Etude de la sphère. — Mers. — Continents. — Parties du monde. — La terre est ronde. — Les trois quarts environ de sa surface terrestre sont couverts par les eaux. — Océans et mers. — Le dernier quart est occupé par les terres et se divise en continents et îles. — Il y a deux principaux continents : l'ancien, qui comprend l'Europe, l'Asie, l'Afrique, et le nouveau, composé des deux Amériques. L'Océanie (Australie et îles), découverte il y a moins de deux siècles, est appelée la cinquième partie du monde. — On distingue deux Océans principaux : l'Atlantique, qui sépare l'Europe et l'Afrique de l'Amérique, et le Pacifique (ou grand Océan), qui se trouve entre l'Asie, l'Océanie et l'Amérique.

2e *séance*. — Définition des principales expressions géographiques. — Définition des mots : île, presqu'île, cap, isthme, golfe, baie, fleuve, rivière, lac, volcan. — Montrer tous ces accidents géographiques sur la carte d'Europe.

3e *séance*. — Expliquer en quelques mots ce que c'est qu'une carte géographique (éviter toute démonstration scientifique). — Etude de la carte d'Europe. — Les 15 contrées de l'Europe et leurs capitales. — L'Europe se divise en quinze contrées : 4 au nord, 6 au centre, 5 au sud. — Contrées du nord : 1o Angleterre, capitale Londres ; 2o Danemark, capitale Copenhague ; 3o Suède et Norwège, capitale Stockolm ; 4o Empire de Russie, capitale Saint-Pétersbourg. — Contrées du centre : 1o France, capitale Paris ; 2o Belgique, capitale Bruxelles ; 3o Hollande, capitale La Haye ; 4o Empire d'Allemagne, capitale Berlin ; 5o Suisse, capitale Berne ; 6o Empire d'Autriche, capitale Vienne. — Contrées du sud : 1o Espagne, capitale Madrid ; 2o Portugal, capitale Lisbonne ; 3o Italie, capitale Rome ; 4o Turquie, capitale Constantinople ; 5o Grèce, capitale Athènes.

4e *séance*. — Etude de la carte de France. — Fleuves. — Seine. — Loire. — Gironde, formée de la Dordogne et de la Garonne. — Rhône, grossi de la Saône. — Une partie de la Moselle, qui va se jeter dans le Rhin. — Meuse.
Montagnes. — Vosges. — Jura. — Alpes. — Pyrénées. — Cévennes. — Monts d'Auvergne.

5e *séance*. — Suite de l'étude de la carte de France. — Frontières. — Luxembourg. — Allemagne (Alsace-Lorraine). — Suisse. — Italie. — Méditerranée. — Espagne. — Océan Atlantique. — Manche.
Ports principaux : 1o de guerre : Cherbourg, Brest, Lorient, Rochefort et Toulon ; 2o de commerce : Le Havre, Nantes, Saint-Nazaire, Bordeaux et Marseille. — La Corse.

6e *séance*. — Divisions administratives et militaires — La France est divisée en 86 départements. — Au point de vue militaire, elle comprend 18 régions de corps d'armée, dont les chefs-lieux sont : 1er corps : Lille ; — 2o corps : Amiens ; — 3e corps : Rouen ; — 4e corps : Le Mans ; — 5o corps : Orléans ; — 6e corps : Châlons ; — 7e corps : Besançon ; — 8e corps : Bourges ; — 9e corps : Tours ; — 10e corps : Rennes ; — 11e corps : Nantes ; — 12e corps : Limoges ; — 13e corps : Clermont-Ferrand ; — 14e corps : Lyon ; — 15e corps : Marseille ; — 16o corps : Montpellier, — 17e corps : Toulouse ; — 18e corps : Bordeaux (1).

7e *séance*. — L'Algérie. — Elle est divisée en 3 départements :

---

(1) Il a été créé, depuis, un vingtième corps (le 19e est toujours en Algérie), dont le siège est à Nancy.

Alger, Constantine et Oran. — Elle forme le 19e corps d'armée.
— Ports : Philippeville, Alger, Oran. — Le Sénégal.

8e *séance*. — Etude des colonies françaises. — Indo-Chine. —
Antilles. — Bourbon. — Madagascar. — Nouvelle-Calédonie. —
Taïti, etc.

4o NOTIONS GÉNÉRALES D'HISTOIRE.

1re *séance*. — Noms des différentes dynasties qui ont sucessi-
vement occupé le trône de France. — Les Mérovingiens. — Clovis.
— Les rois fainéants. — Les Carlovingiens. — Charlemagne.

2e *séance*. — Les Capétiens directs. — Saint Louis. — Les croisades. — Les Valois. — Philippe VI. — Guerre de Cent Ans. —
Découvertes de l'Amérique, de l'imprimerie.

3e *séance*. — Louis XI. — François Ier et Charles-Quint, —
Guerres de religion. — La Saint-Barthélemy. — Les Bourbons.
— Henri IV.

4e *séance*. Louis XIII. — Richelieu. — Abaissement des grands
et des protestants. — Lutte contre la Maison d'Autriche. — Louis
XIV. — Principales guerres. — Progrès des lettres et des arts sous
ce règne.

5e *séance*. — Louis XV. — Système de Law. — Guerre de la
Succession d'Autriche. — Guerre de Sept Ans. — Perte de nos
colonies. — Partage de la Pologne. — La noblesse se déconsidère
complètement par ses débauches. — Louis XVI. — Guerre pour
soutenir l'indépendance de l'Amérique. — Les idées révolution-
naires se répandent en France, les difficultés budgétaires devien-
nent considérables. — Le roi réunit les Etats généraux, qui se
déclarent *Assemblée constituante*, font une constitution à laquelle
le roi prête serment; mais, effrayé, il cherche à se sauver à l'étran-
ger. — Arrêté, il est enfermé au Temple.

6e *séance*. — Convention. — Proclamation de la République. —
Graves troubles à l'intérieur. — Guerre extérieure. — La Terreur.
— Directoire. — Campagne de 1796. — Campagne d'Egypte. —
Retour de Bonaparte en France.
Consulat. — Campagne de 1800. — Paix d'Amiens.

7e *séance*. — Empire. — Principales campagnes et principales
batailles de l'Empire. — Institutions créées par l'Empereur.

8e *séance*. — Restauration. — Les Cent-Jours. — Louis XVIII.
— Charles X. Campagne d'Espagne et commencement de la conquête de l'Algérie.

9e *séance*. — Révolution de 1830. — Louis-Philippe. — Prise
d'Anvers. — Conquête de l'Algérie. — Révolution de 1848.

10e *séance*. — Second Empire : principales campagnes et batailles. — Guerre de 1870. — Chute de l'Empire.

ECOLE DU 2ᵉ DEGRÉ (2ᵉ section).

Langue française............ 20 séances.
Histoire..... .... 18 —
Géographie................. 12 —
Arithmétique................ 10 —
Géométrie.................. 10 —

1º LANGUE FRANÇAISE.

Grammaire de Noël et Chapsal. — Dictées. — Discours français.

2º HISTOIRE.

1ʳᵉ *séance*. — Coup d'œil sur l'histoire de France depuis son origine jusqu'aux Capétiens. — Les Mérovingiens. — Clovis. — Les rois fainéants. — Les Carlovingiens. — Charles Martel. — Charlemagne.

2ᵉ *séance.* — Les Capétiens directs. — Saint Louis. — Les Croisades. — Les Valois. — Guerre de Cent Ans. — Crécy. — Poitiers. — Azincourt. — Jeanne d'Arc.

3ᵉ *séance*. — Charles VII. — Découvertes de l'Amérique, de la poudre, de l'imprimerie. — Louis XI : sa lutte contre la féodalité. — François Iᵉʳ et Charles-Quint. — Guerres de religion : la Saint-Barthélemy. — Les trois derniers Valois meurent sans enfants.

4ᵉ *séance*. — Les Bourbons. — Henri IV et la Ligue. — Siège de Paris. — Arques. — Ivry. — Abjuration de Henri IV. — Paix de Vervins. — Mort de Henri IV.

5ᵉ *séance*. — Louis XIII : son mariage. — Révolte des grands. — Richelieu : ses projets; il lutte : contre les protestants; prise de La Rochelle; contre la noblesse : édits contre le duel; destruction de places fortes inutiles; contre la maison d'"Autriche. — Gustave-Adolphe entre dans la guerre de Trente Ans, et, à sa mort, le duc de Saxe-Weimar continue la lutte. — Occupation du Roussillon. — Mort de Richelieu et du roi.

6ᵉ *séance*. — Louis XIV. — Fin de la guerre de Trente Ans. — Rocroy. — Nordlingen. — Fribourg. — Lens. — Traité de Westphalie. — Fronde. — Bataille des Dunes. — Traité des Pyrénées. — Conquête de la Franche-Comté. — Guerre de Hollande. — Traité de Nimègue.

7ᵉ *séance*. — Guerre de la ligue d'Augsbourg. — Nerwinde. — La Marsaille. — La Hogue. — Traité de Ryswick. — Guerre de la Succession d'Espagne. — Principaux combats. — Denain. — Traité d'Utrecht. — Mort de Louis XIV.

8e *séance*. — Résumé du règne de Louis XIV. — Progrès réalisés par Louvois et Colbert. — Progrès des lettres et des arts; Bossuet, Fénelon, Corneille, Racine, Boileau, La Fontaine, Le Nôtre. — État des finances, de l'industrie, du commerce.

9e *séance*. — Louis XV. — Régence du duc d'Orléans. — Système de Law. — Mariage du roi. — Ministère du cardinal Fleury. — Guerre de la Succession de Pologne. — Traité de Vienne. — Guerre de la Succession d'Autriche. — Victoire de Fontenoy. — Raucoux. — Paix d'Aix-la-Chapelle.

10° *séance*. — Guerre de Sept Ans. — Traité de Versailles. — Rosbach. — Choiseul. — Traité de Paris, qui nous enlève nos plus belles colonies. — Dupleix. — Montcalm. — Partage de la Pologne. — Achat de la Corse. — Résumé de ce règne désastreux.

11e *séance*. — Louis XVI. — Guerre de l'Indépendance de l'Amérique. — Traité de Versailles. — Difficultés intérieures. — Etats généraux ; ils se déclarent Assemblée constituante. — Serment du Jeu-de-Paume. — Prise de la Bastille. — Le 4 août : le clergé et la noblesse renoncent à leurs privilèges. — Le 6 octobre : le peuple va chercher le roi à Versailles et le ramène à Paris. — Emigration. — Le roi jure fidélité à la Constitution; effrayé, il cherche à s'enfuir; mais il est reconnu et arrêté à Varennes.

12e *séance*. — La Législative se réunit le 1er octobre 1791. — Première coalition. — Manifeste de Brunswick. — Le 10 août. — Massacre des Suisses. — Louis XVI enfermé au Temple. — La Convention. — Proclamation de la République. — Bombardement de Lille. — Condamnation et exécution de Louis XVI.

13e *séance*. — Lutte des Girondins et des Montagnards. — Proscription des Girondins. — Soulèvement de la Vendée. — Régime de la Terreur. — Valmy. — Jemmapes. — Prise de Toulon par Bonaparte. — Mort de Robespierre. — Défaite des Vendéens. — Les royalistes soulevés à Paris, le 6 octobre 1795, sont écrasés par Bonaparte (13 vendémiaire).

14e *séance*. — Directoire. — Campagne de 1796 en Italie et en Allemagne. — Traité de Campo-Formio. — 18 fructidor. — Expédition d'Egypte. — 2e coalition. — Premier succès des Alliés. — Retour de Bonaparte à Paris.

15e *séance*. — Consulat. — Campagnes de 1800 en Italie et en Allemagne. — Paix d'Amiens. — Code civil. — Concordat. — Consulat à vie. — Déclaration de l'Empire. — Campagne de 1805. — Austerlitz. — Paix de Presbourg.

16e *séance*. — Campagne de 1806-1807 : Iéna, Auerstaedt, Eylau et Friedland. — Paix de Tilsitt. — Campagne d'Espagne. — Campagne de 1809. — Batailles d'Essling et de Wagram. — Traité de Vienne.

17e *séance*. — Campagne de 1812. — Prise de Smolensk. —

Bataille de la Moskowa. — Entrée à Moscou. — Retraite désastreuse. — Campagne de 1813 : Lutzen, Bautzen. — Armistice de Prague. — Batailles de Dresde et de Leipzig. — Campagne de 1814. — Invasion de la France : combats de Saint-Dizier, Brienne, Champaubert, Montmirail, Montereau. — Les alliés entrent à Paris. — Abdication de l'Empereur, qui se retire à l'île d'Elbe.

18ᵉ *séance*. — Restauration. — Premier traité de Paris. — Retour de Napoléon en France. — Ligny et Waterloo. — L'Empereur se rend à l'Angleterre, qui l'envoie à Sainte-Hélène. — Deuxième traité de Paris.

3° Géographie.

1ʳᵉ *séance*. — Notions élémentaires de cosmographie. — Sphéricité du globe. — Démonstrations usuelles. — Rotations diverses. — Axe. — Pôle. — Equateur. — Longitude. Latitude. — Zones : torride, glaciale, tempérée.

2ᵉ *séance*. — Etude du globe. — Les trois quarts de la surface terrestre sont couverts par les eaux. — Océans. — Mers. — Continents (ancien et nouveau). — Les cinq parties du monde. — Les trois principales races d'hommes : blanche, noire, jaune. — Il y a, en outre, une race rouge, qui tend à disparaître. — Races mêlées.

3ᵉ *séance*. — Amérique. — Amériques du Nord et du Sud. — Principaux Etats du Nord : 1° Nouvelle-Bretagne (Canada), **cap.** Québec ; — 2° Etats-Unis, cap. Washington ; — 3° Mexique, **cap.** Mexico.

Principaux Etats du Sud : 1° Nouvelle-Grenade, cap. Santa-Fé ; — 2° Venezuela, cap. Caracas ; — 3° Équateur, cap. Quito ; — 4° Brésil, cap. Rio-Janeiro ; — 5° Pérou, cap. Lima ; — 6° Chili, **cap.** Santiago ; — 7° Plata, cap. Buenos-Ayres.

Grands fleuves : Saint-Laurent, Mississipi, Orénoque, Fleuve des Amazones, la Plata.

Principales montagnes : les Montagnes Rocheuses, les Cordillères des Andes.

Isthme de Panama. — Cap Horn.

4ᵉ *séance*. — Asie. — Principaux Etats : 1° Perse, cap. Téhéran ; — 2° Indes anglaises, ou Hindoustan, cap. Calcutta ; — 3° Chine, cap. Pékin ; — 4° Japon, cap. Yedo ; — 5° Sibérie russe, siège **du** gouvernement à Tobolsk.

Principales mers : mers des Indes, de Chine, du Japon, de Behring.

Principale montagne : l'Himalaya.

Principaux fleuves : l'Euphrate, l'Indus, le Gange, le Cambodge, le Fleuve Jaune ou Yan-tsen-Kiang et l'Amour.

Océanie. — Australie, cap. Sidney. — Malaisie. — Polynésie.

5ᵉ *séance*. — Afrique. — Principaux Etats : 1° Egypte, capitale

Le Caire ; 2º la Régence de Tripoli, capitale Tripoli ; 3º Le Maroc, capitale Fez ; 4º Le Cap (colonie anglaise), chef-lieu Le Cap.

Isthme de Suez. — Mer Rouge. — Détroit de Bab-el-Mandeb. — Ile de Madagascar. — Cap de Bonne-Espérance. — Golfe de Guinée. — Fleuves : Nil, Niger, Zambèze, Chérif, Sénégal et Congo.

6ᵉ *séance*. — Europe. — Principaux Etats. — Mers. — Fleuves. — Montagnes. — Les 15 Etats de l'Europe et leurs capitales. — Principales mers, golfes, détroits. — Fleuves : Néva. — Niemen. — Vistule. — Oder. — Elbe. — Weser. — Rhin. — Tamise. — Tage. — Pô. — Danube. — Dniester. — Dnieper. — Don. — Volga. — Oural. — Principales montagnes : Monts Ourals. — Caucase. — Carpathes. — Alpes et Pyrénées.

7º *séance*. — France. — Fleuves et principales rivières : Seine (Yonne. — Marne. — Oise). — Loire (Allier. — Cher. — Indre. — Vienne. — Maine). — Garonne (Tarn. — Lot), prend le nom de Gironde après avoir reçu la Dordogne. — Rhône (Saône). — Isère. — Durance). — Moselle. — Meuse. — Escaut. — Somme. — Charente. — Adour. — Aude.

8ᵉ *séance*. — France. — Ports principaux : Cherbourg. — Brest. — Lorient. — Rochefort. — Toulon. — Dunkerque. — Calais. — Boulogne. — Dieppe. — Le Havre. — Nantes et Saint-Nazaire. — La Rochelle. — Bordeaux. — Bayonne. — Port-Vendres. — Cette. — Marseille. — Villefranche. — Montagnes principales. — Frontières. — La Corse.

9ᵉ *séance*. — France. — Départements — Anciennes provinces. — Chefs-lieux des départements.

10º *séance*. — France. — Lignes principales de chemins de fer. — 6 grands réseaux : 1º du Nord ; 2º de l'Est ; 3º de Paris à Lyon et à la Méditerranée ; 4º du Midi ; 5º d'Orléans ; 6º de l'Ouest.

11ᵉ *séance*. — Algérie. — Ses bornes. — Divisions physiques. — Tell. — Plateaux. — Sahara. — Deux races principales : arabe, kabyle. — 3 provinces : Alger, Constantine et Oran. — Villes principales. — Chemins de fer d'Alger à Oran et de Constantine à Philippeville.

Colonies françaises en Afrique : Sénégal et dépendances. — Réunion, Mayotte. — Madagascar, Nossi-Bé, Sainte-Marie-de-Madagascar, Obock.

12ᵉ *séance*. — Colonies françaises en Asie : Inde française (Pondichéry). — Cochinchine. — Annam. — Tonkin. — Cambodge.

Colonies françaises en Océanie : Nouvelle-Calédonie, Taïti.

Colonies françaises en Amérique :

1º Saint-Pierre et Miquelon (Terre-Neuve) ;

2º La Martinique et la Guadeloupe. — Saint-Martin. — Saint-Barthélemy (Antilles) ;

3º La Guyane française (Cayenne).

4º Arithmétique.

1ʳᵉ *séance*. — Divisibilité des nombres. — Généralités sur les fractions ordinaires.

2ᵉ *séance*. — Nombres fractionnaires. — Addition et soustraction des fractions.

3ᵉ *séance*. — Multiplication et division des fractions.

4ᵉ *séance*. — Fractions décimales. — Addition, soustraction et multiplication des fractions décimales.

5ᵉ *séance*. — Division des fractions décimales. — Transformation d'une fraction ordinaire en fraction décimale et réciproquement.

6ᵉ et **7ᵉ** *séances*. — Système métrique.

8ᵉ *séance*. — Méthode de réduction à l'unité. — Règle de trois.

9º et **10ᵉ** *séances*. — Règles d'intérêt. — Partage d'une somme en parties proportionnelles.

5º Géométrie.

1ʳᵉ et **2ᵉ** *séances*. — Définitions. — Angles adjacents. — Angles opposés par le sommet.

3ᵉ et **4ᵉ** *séances*. — Cas d'égalité des triangles.

5ᵉ et **6ᵉ** *séances*. — Triangle isocèle. — Bissectrice. — Propriétés de la perpendiculaire et de l'oblique. — Cas d'égalité des triangles rectangles.

7ᵉ et **8ᵉ** *séances*. — Des droites parallèles.

9ᵉ et **10ᵉ** *séances*. — Angles dont les côtés sont parallèles ou perpendiculaires. — Quadrilatères. — Propriétés du parallélogramme.

COURS DU 3ᵉ DEGRÉ.

Les programmes du cours du 3ᵉ degré sont les mêmes que ceux qui ont été adoptés au département de la guerre, et qui sont annexés au règlement du 31 juillet 1879.

ANNEXE II.

RÉGIMENT D'INFANTERIE DE MARINE.

CAHIER D'ENREGISTREMENT.

ENTRÉES.

DATES.	DÉTAIL.	DÉNOMINATION DES OBJETS.									OBSER-VATIONS.
	Totaux.........										
	Report des sorties....										
	Reste au dernier jour du trimestre........										

SORTIES.

DATES.	DÉTAIL.	DÉNOMINATION DES OBJETS.									OBSER- VATIONS.
	Totaux........										

Modèle II.
—
PORT
de

ANNEXE III.

—

MARINE ET COLONIES.

SERVICES DES SCIENCES ET ARTS MARITIMES.

BIBLIOTHÈQUE RÉGIMENTAIRE

DU   ° RÉGIMENT D'INFANTERIE DE MARINE.

CATALOGUE-INVENTAIRE.

Le présent catalogue-inventaire, contenant   feuillets, a été coté et parafé par premier et dernier par nous, pour servir, à compter du   à suivre la situation du

A   , le   18 .

NUMÉRO D'ORDRE.	DATES DES ENTRÉES.	ORIGINE DES ENTRÉES.	DÉSIGNATION DES OUVRAGES, CARTES, PLANS, DESSINS, ETC., ou des modèles, sculptures, bouches à feu, armes, etc.

NOMBRE DE VOLUMES ou d'articles.	VALEUR.	DATES DES SORTIES définitives.	DÉSIGNATION DES SORTIES.

Modèle III.

—

PORT

de

ANNEXE IV.

—

MARINE ET COLONIES.

—

SERVICES DES SCIENCES ET ARTS MARITIMES.

—

BIBLIOTHÈQUE RÉGIMENTAIRE

DU   e RÉGIMENT D'INFANTERIE DE MARINE

—

Date du dernier recensement. { Instruments, Bibliothèque, Etc.

—

Etat appréciatif présentant les mouvements d'entrée et de sortie effectués dans le service des sciences et arts maritimes pendant l'année 18 .

NOTA. — Les dépositaires comptables d'objets de sciences et arts maritimes établiront, sur la formule n° 101 de l'instruction générale du 1er octobre 1854, modifiée par l'arrêté ministériel du 7 août 1879, l'état appréciatif des mouvements survenus pendan l'année, dans le matériel confié à leurs soins.

Les colonnes relatives aux numéros, dates et montant des pièces justifica tives seront laissées en blanc.

NOMENCLATURE DES OPÉRATIONS A CHARGE et des OPÉRATIONS A DÉCHARGE.	1re DIVISION. — Instruments d'astronomie et de géodésie.	2e DIVISION. — Instruments de lever et de construction de cartes et de plans.	3e DIVISION. — Instruments de physique et de chimie, et de recherches scientifiques.	4e DIVISION. — Cartes géographiques, cartes murales et autres.	5e DIVISION. — Atlas et collections de cartes.	6e DIVISION. — Pavillons lithographiés.
RECETTES.						
ENTRÉES RÉELLES.						
Entrées à charge de payement.						
Livraison par suite d'achats.......						
Cessions pour des services étrangers à la marine..............						
Reliures de livres, cartes, dessins.						
TOTAL.....						
CONFECTIONS FAITES DANS LES ATELIERS.						
Entrées provenant de changement d'inventaire.						
Délivrance par les magasins......						
Remises par les divers services..						
TOTAL.....						
Entrées d'objets dont la valeur vient en atténuation des frais généraux.						
Excédents constatés par recensement......................						
Changement de classification.....						
Dons de livres, cartes, atlas......						
Rectifications d'évaluations......						
TOTAL.....						
Entrées d'ordre.						
Envois de Paris, des autres ports (mouvements de comptable à comptable du même service)....						
Délivrances faites par d'autres dépositaires du service des sciences et arts (mouvements intérieurs)................						
TOTAL.....						
DÉPENSES.						
SORTIES RÉELLES.						
Sorties à charge de remboursement.						
Cessions à des services étrangers à la Marine.......,.........						
Pertes et déficits mis à la charge des dépositaires comptables....						
TOTAL.....						

7e DIVISION. — Plans, dessins, profils, tracés, etc.	8e DIVISION. — Atlas et collections de plans, dessins, profils, tracés, etc.	9e DIVISION. — Bibliothèques.	10e DIVISION. — Livres, cartes et documents nautiques,	11e DIVISION. — Législation, administration, instruction, voyages, recueils et publications diverses.	12e DIVISION. — Matériel d'enseignement.	13e DIVISION. — Modèles conservés dans un intérêt artistique ou historique	14e DIVISION. — Objets divers non dénommés précédemment.	TOTAL PAR ARTICLE.	TOTAL PAR CHAPITRE.

NOMENCLATURE DES OPÉRATIONS A CHARGE et des OPÉRATIONS A DÉCHARGE.	1re DIVISION. Instruments d'astronomie et de géodésie.	2e DIVISION. Instruments de lever et de construction de cartes et de plans.	3e DIVISION. Instruments de physique et de chimie, et de recherches scientifiques.	4e DIVISION. Cartes géographiques, cartes murales et autres.	5e DIVISION. Atlas et collections de cartes.	6e DIVISION. Pavillons lithographiés.
Sorties d'objets destinés à être pris en charge par un autre inventaire.						
Remises au magasin.............						
Délivrances aux divers services..						
Total.....						
Sorties pour frais généraux.						
Consommations.................						
Condamnation d'objets à détruire.						
Dépérissement.................						
Perte par cas de force majeure...						
Déficits constatés par recensement et admis en compte...........						
Changement de classification.....						
Rectifications d'évaluations.......						
Total.....						
Sorties d'ordre.						
Envois à Paris, aux autres ports (mouvements de comptable à comptable du même service)...						
Délivrances faites à d'autres dépositaires du service des sciences et arts (mouvements intérieurs).						
Total.....						
SITUATION ANNUELLE.						
Existant au 1er janvier. {Quantités. {Valeurs...						
RECETTES.						
Entrées à charge de payement...						
Confections faites dans les ateliers.						
Entrées provenant de changement d'inventaire..................						
Entrées d'objets en atténuation de frais généraux..............						
Envois de Paris, des ports......						
Délivrances faites par d'autres dépositaires, etc.................						
Total de l'existant et des entrées.............						

7e DIVISION. — Plans, dessins, profils, tracés, etc.	8e DIVISION. — Atlas et collections de plans, dessins, profils, tracés, etc.	9e DIVISION. — Bibliothèques.	10e DIVISION. — Livres, cartes et documents nautiques.	11e DIVISION — Législation, administration, instruction, voyages, recueils et publications diverses.	12e DIVISION. — Matériel d'enseignement.	13e DIVISION. — Modèles conservés dans un intérêt artistique ou historique	14e DIVISION. — Objets divers non dénommés précédemment.	TOTAL PAR ARTICLE.	TOTAL PAR CHAPITRE.

NOMENCLATURE DES OPÉRATIONS A CHARGE et des OPÉRATIONS A DÉCHARGE.	1re DIVISION. — Instruments d'astronomie et de géodésie.	2e DIVISION. — Instruments de lever et de construction de cartes et de plans.	3e DIVISION. — Instruments de physique et de chimie, et de recherches scientifiques.	4e DIVISION. — Cartes géographiques, cartes murales et autres.	5e DIVISION. — Atlas et collections de cartes.	6e DIVISION. — Pavillons lithographiés.
DÉPENSES.						
Sorties à charge de remboursement....................						
Sorties d'objets destinés à être pris en charge par d'autres inventaires.....................						
Sorties pour frais généraux......						
Envois à Paris, aux ports, etc....						
Délivrances faites à d'autres dépositaires.....................						
TOTAL des sorties...						
Existant au 31 décembre. {Quantités.						
{Valeurs..						

ARRÊTÉ le présent état à la somme de

montant de l'existant au dernier jour de l'année

A   , le   18   .

Le Capitaine, Directeur des Écoles,

Vu : *Le Colonel commandant le régiment,*

VU ET VÉRIFIÉ :

Le Commissaire aux revues,

7e DIVISION. — Plans, dessins, profils, tracés, etc.	8e DIVISION. — Atlas et collections de plans, dessins, profils, tracés, etc.	9e DIVISION. — Bibliothèques.	10e DIVISION. — Livres, cartes et documents nautiques.	11e DIVISION. — Législation, administration, instruction, voyages, recueils et publications diverses.	12e DIVISION. — Matériel d'enseignement.	13e DIVISION. — Modèles conservés dans un intérêt artistique ou historique	14e DIVISION. — Objets divers non dénommés précédemment.	TOTAL PAR ARTICLE.	PAR CHAPITRE.

Paris et Limoges. — Imprimerie militaire Henri CHARLES-LAVAUZELLE.

Librairie militaire Henri CHARLES-LAVAUZELLE
Paris et Limoges.

Décrets, circulaires et notes ministérielles, relatifs aux **engagements volontaires** et aux **rengagements,** armée de terre et armée de mer, équipages de la flotte, armée coloniale (5e édition). — Broch. in-8°. 1 25

Décret du 31 août 1891, portant règlement sur la concession des congés et permissions dans les troupes de la marine. — Broch in-8°. » 50

Circulaire ministérielle du 20 août 1890, relative à la concession des congés au personnel des équipages de la flotte. — Broch. in-8°. » 30

Ordonnance du 22 juin 1847, modifiée le 14 janvier 1879, portant règlement sur la **solde,** les **revues, l'administration** et la **comptabilité des corps de troupe de la marine** (nouvelle édition entièrement mise à jour, annotée de toutes les dispositions survenues et suivie des tarifs de solde tant pour les troupes de la marine que pour les troupes indigènes (2e édit.). — Vol. in-8° de 504 p., broché. 7 50; relié toile. 9 »
Honoré d'une souscription des ministères de la marine et des colonies.

Règlement sur la conservation et l'entretien des armes dans les corps de troupe, dans les dépôts des équipages de la flotte, dans les corps des marins débarqués et à bord des navires armés, approuvé le 21 mars 1865, pour être suivi en France, à la mer, dans les expéditions et aux colonies (nouvelle édition, mise à jour, comprenant tous les modèles relatifs à l'armement et suivie de sept annexes concernant les armes et les munitions. — Vol. in-8° de 304 pages, broché. 6 »
Honoré d'une souscription des ministères de la marine et des colonies.

Règlement sur le service du **casernement, l'ameublement** des bureaux et postes divers et le service des **lits militaires** concernant les équipages de la flotte et les corps de troupe de la marine en France et aux colonies. — Vol. in-8° de 172 pages, broché. 3 »; relié pleine toile gaufrée. 4 »

Loi du 18 mars 1889, relative au **rengagement des sous-officiers,** modifiée par les lois des 6 janvier 1892, 25 juillet 1893, 13 juillet 1894, suivie de la loi du 6 février 1897 et des dispositions interprétatives de ces diverses lois (7e édition, annotée et mise à jour). — Br. in-8° de 104 pages... » 75

Lois et décisions concernant les **sous-officiers, caporaux, brigadiers et soldats rengagés ou commissionnés** (4e édition). — Vol. in-8°. 3 »
L'achat de cet ouvrage au compte de la masse d'habillement et d'entretien (fonds commun) et à raison de deux exemplaires par régiment et d'un exemplaire par bataillon, escadron, compagnie ou section formant corps a été autorisé par décision de M. le Ministre de la guerre du 6 novembre 1895. (*B. O.*, P. S., n° 37, page 200.)
Par décision du 8 janvier 1896, M. le Ministre de la marine a autorisé l'achat de cet ouvrage sur les fonds de la masse générale d'entretien (2e portion).

Code-Manuel des réservistes et territoriaux, complété par le *Guide du patrouilleur en pays allemand* et le *Petit interprète du soldat français en pays allemand* (17e édition) — Brochure in-32 de 108 pages... . » 30
Prix exceptionnel pour les corps de troupe, le cent .... 15 »
M. le Ministre de la marine a autorisé, à la date du 8 février 1892, l'achat de cet ouvrage par les corps de troupe de la marine, en prescrivant que ces derniers devront en pourvoir les hommes dans la plus large mesure possible.

Arrêté ministériel du 26 février 1889, portant réorganisation des **écoles régimentaires dans l'infanterie de marine,** Programme des différents cours, tableaux et modèles. — Broch. in-8° de 40 pages... » 50

Arrêté ministériel du 11 mai 1894, modifié par décision du 20 juillet **1894,** relatif à l'admission des sous-officiers d'infanterie de marine à l'Ecole militaire d'infanterie de Saint-Maixent, suivi du **décret du 22 mars 1883,** modifié par les décrets des **19 juin 1886, 11 octobre 1886** et **8 septembre 1888** sur l'orgaisation de l'école, des programmes en vigueur et précédé de l'index des ovrages à consulter pour la préparation des examens. — Brochure in-8° de 40 pages........ » 50

MINISTÈRE DE LA MARINE. — **Notice sur les mécaniciens des équipages de la flotte** (7e édition. 1er janvier 1896). — Br. in-18 de 52 pages .. » 30

Instruction ministérielle du 22 février 1895 sur le recrutement, la répartition et l'administration des **officiers de réserve des troupes de la marine.** — Brochure in-8° de 68 pages avec tous les modèles. » 75

www.ingramcontent.com/pod-product-compliance
Lightning Source LLC
Chambersburg PA
CBHW051735050726
47598CB00003B/1193